Impressum
Verlag: BABADADA GmbH, Nedderfeld 112 , 22529 Hamburg
Geschäftsführer / Verlagsleitung: Harald Hof
Druck: Books on Demand GmbH, In de Tarpen 42, 22848 Norderstedt

Imprint
Publisher: BABADADA GmbH, Nedderfeld 112 , 22529 Hamburg, Germany
Managing Director / Publishing direction: Harald Hof
Print: Books on Demand GmbH, In de Tarpen 42, 22848 Norderstedt, Germany

школа

makaranta

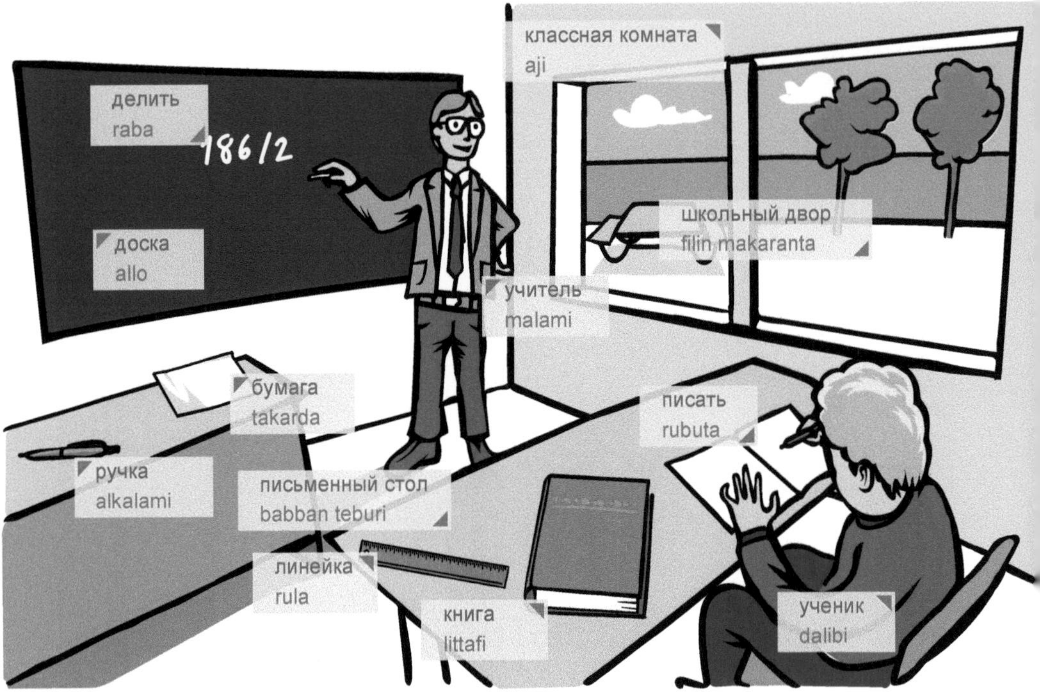

классная комната
aji
делить
raba
186/2
доска
allo
учитель
malami
школьный двор
filin makaranta
бумага
takarda
писать
rubuta
ручка
alkalami
письменный стол
babban teburi
линейка
rula
книга
littafi
ученик
dalibi

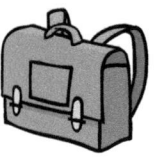

ранец

jakar makaranta

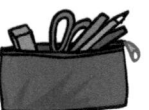

пенал

gidan fensir

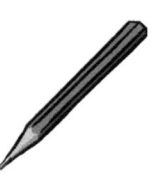

карандаш

fensir

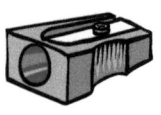

точилка

abin fike fensir

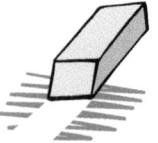

ластик

kilina

альбом для рисования

kwalin zane

рисунок

zane

кисточка

burushin fenti

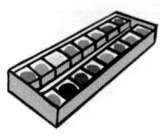

коробка красок

gwangwanin fenti

ножницы

almakashi

клей

gam

тетрадь

littafi aiki

домашняя работа

aikin gida

цифра

lamba

прибавлять

kara

вычитать

debe

умножать

yi sau

считать

kwakuleta

буква

wasika

алфавит

harafi

слово

kalma

текст
rubutu

читать
karanta

мел
alli

урок
darasi

классный журнал
rijista

экзамен
jarabawa

диплом
satifiket

школьная форма
kayan makaranta

образование
ilimi

энциклопедия
kundin ilimi

университет
jami'a

микроскоп
madubin kimiyya

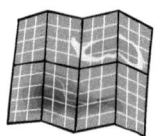

карта
taswira

корзина для бумаг
kwandon shara

путешествие
bulaguro

гостиница
otal
турбаза
dakunan dalibai
ROOMS
EXCHANGE
пункт обмена валюты
gidan canjin kudi
чемодан
karamin akwati
автомобиль
karamar mota

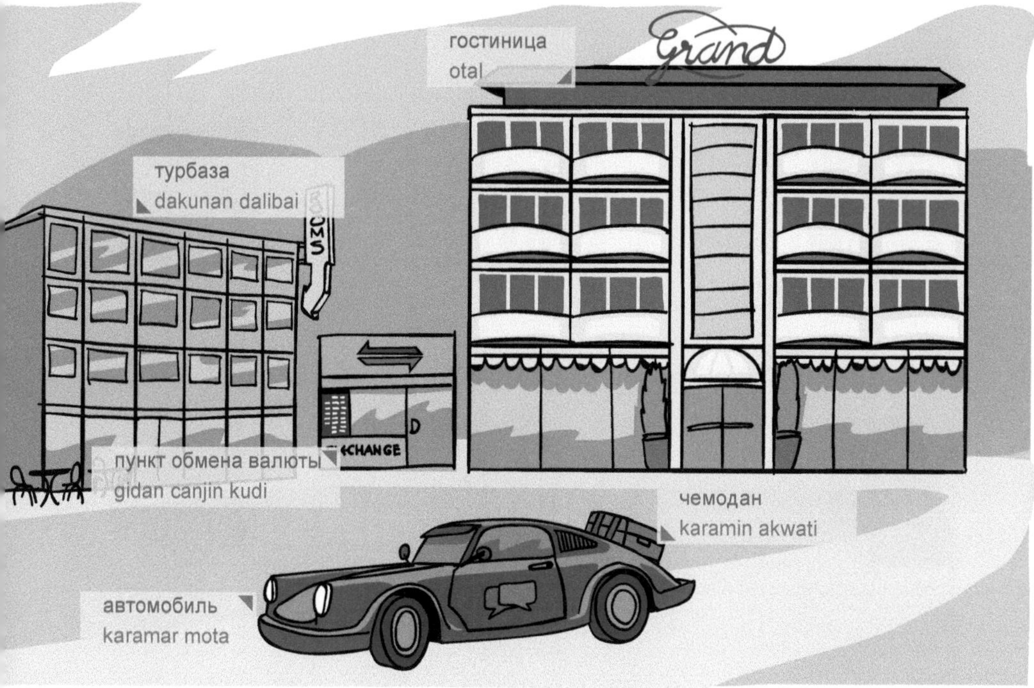

язык
yare

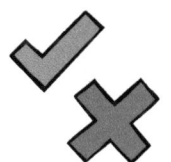

да / нет
e/a'a

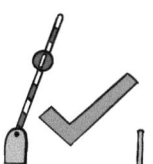

хорошо
Ya yi

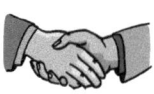

Привет
barka dai

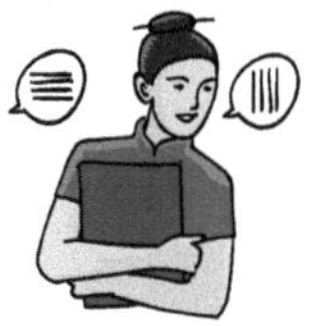

переводчик
mai fassara

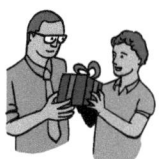

Спасибо
Na gode

Сколько стоит…?

nawa ne…?

Я не понимаю

ban gane ba

проблема

matsala

Добрый вечер!

Barka da yamma!

Доброе утро!

Ina kwana!

Доброй ночи!

barka da dare!

До свидания

sai an jima

направление

alkibla

багаж

kaya

сумка

jaka

рюкзак

jakar goyawa

гость

bako

комната

daki

спальный мешок

jakar barci

палатка

tanti

туристическая информация

bayanin dan yawon bude-ido

пляж

bakin ruwa

кредитная карточка

katin banki

завтрак

karin kumallo

обед

abincin rana

ужин

abincin dare

билет

tikiti

лифт

daga

почтовая марка

hatimi

граница

iyaka

таможня

kudin fiton kaya

посольство

ofishin jakadanci

виза

biza

паспорт

fasfo

транспорт
abin hawa

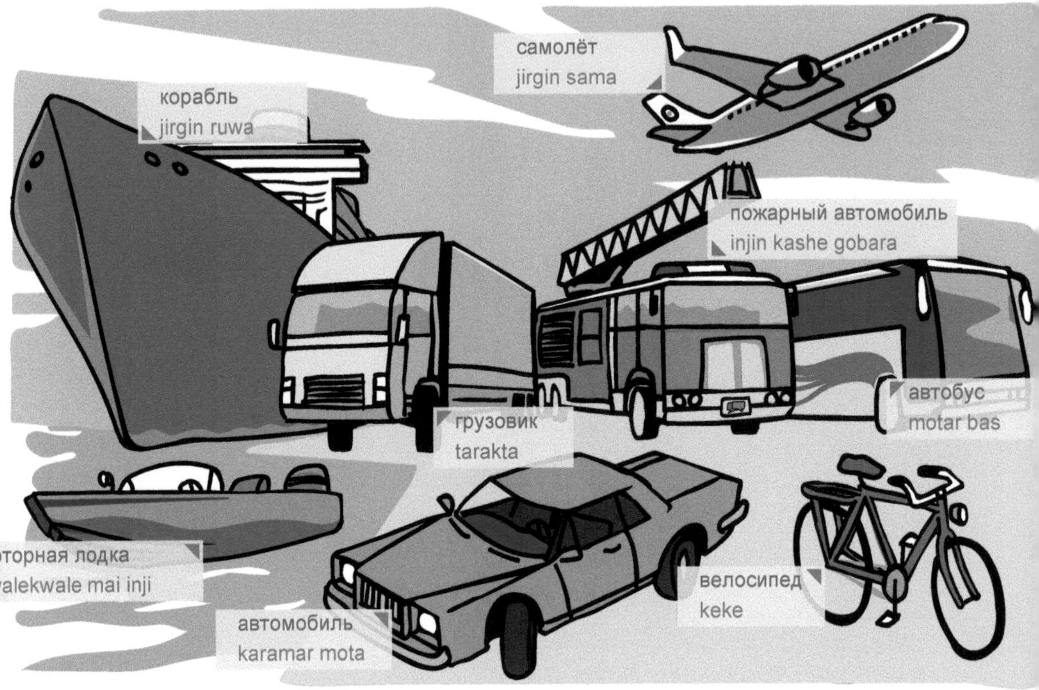

самолёт
jirgin sama
корабль
jirgin ruwa
пожарный автомобиль
injin kashe gobara
автобус
motar bas
грузовик
tarakta
торная лодка
alekwale mai inji
велосипед
keke
автомобиль
karamar mota

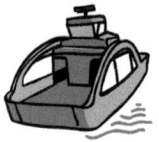

паром

karamin jirgin ruwa

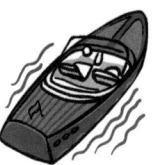

лодка

kwalekwale

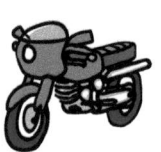

мотоцикл

babur

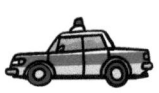

полицейский автомобиль

motar 'yansanda

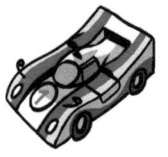

гоночный автомобиль

motar tsere

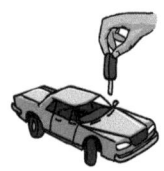

арендованный автомобиль

motar haya

совместное пользование
автомобилями

tarayyar karamar mota

буксировочный
автомобиль
babbar mota da ta lalace

мусоровоз

motar shara

двигатель

mota

топливо

mai

заправка

gidan mai

дорожный знак

alamar titi

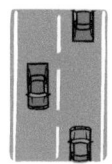

движение

zirga-zirga

пробка

cunkoson ababen hawa

автостоянка

wurin ajiye mota

вокзал

tashar jirgin kasa

рельсы

filin tsere

поезд

jirgin kasa

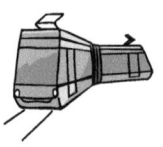

трамвай

jirgin kasa mai kyabil

вагон

keken doki

вертолёт

helikwafta

аэропорт

filin jirgin sama

вышка

hasumiya

пассажир

fasinja

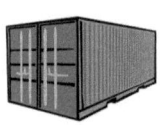

контейнер

mazubi

коробка

kwali

тележка

amalanke

корзина

kwando

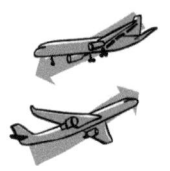

взлетать / приземляться

tashi / sauka

город

birni

деревня

kauye

центр города

tsakiyar birni

дом

gida

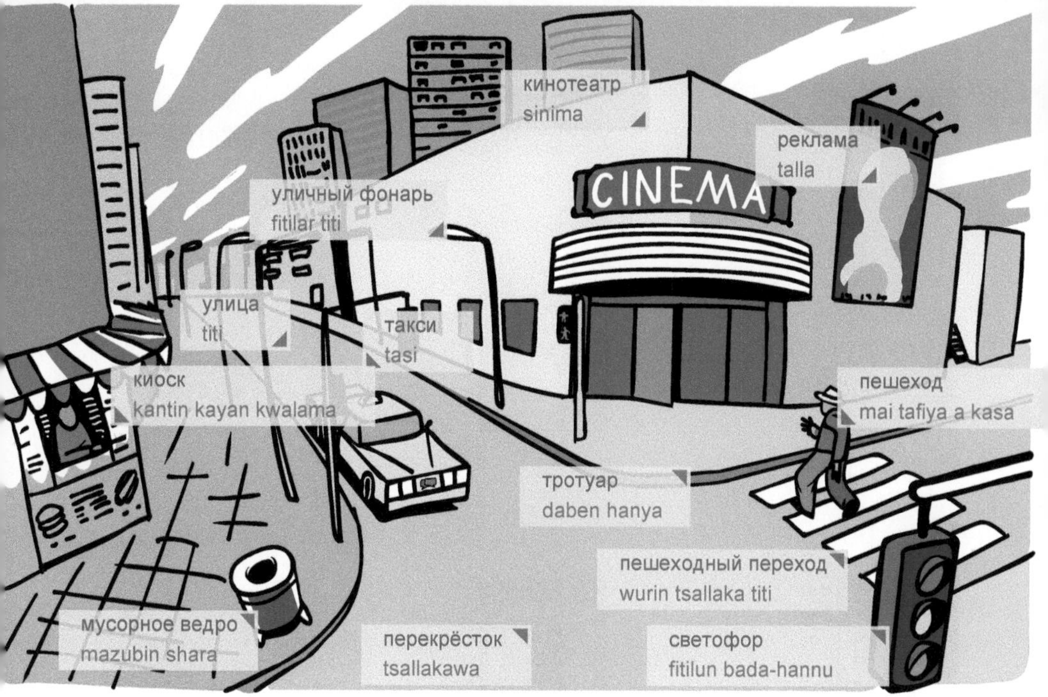

кинотеатр
sinima

реклама
talla

уличный фонарь
fitilar titi

CINEMA

улица
titi

такси
tasi

киоск
kantin kayan kwalama

пешеход
mai tafiya a kasa

тротуар
daben hanya

пешеходный переход
wurin tsallaka titi

мусорное ведро
mazubin shara

перекрёсток
tsallakawa

светофор
fitilun bada-hannu

хижина

bukka

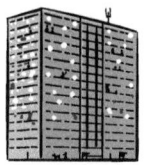

квартира

shafaffe

вокзал

tashar jirgin kasa

ратуша

dakin taro

музей

gidan kayan tarihi

школа

makaranta

университет

jami'a

банк

banki

больница

asibiti

гостиница

otal

аптека

kantin magani

офис

ofis

книжный магазин

kantin littattafai

магазин

kanti

цветочный магазин

mai sayar da furanni

супермаркет

babban kanti

рынок

kasuwa

универмаг

kanti mai sassa

торговец рыбой

shagon sayar da kifi

торговый центр

wurin sayayya

порт

matsayar jiragen ruwa

парк

ma'ajiyar motoci

скамейка

benci

мост

gada

лестница

kafar bene

метро

karkashin kasa

тоннель

ramin karkashin kasa

автобусная остановка

matsayar bas

бар

mashaya

ресторан

gidan abinci

почтовый ящик

akwatin sakonni

табличка с названием
улицы

alamar titi

паркометр

mitar ajiye motoci

зоопарк

gidan namun daji

бассейн

kwamin iyo

мечеть

masallaci

ферма

gona

загрязнение окружающей среды

gurbata

кладбище

makabarta

церковь

coci

детская площадка

filin wasanni

храм

dakin bauta

ландшафт
fadin kasa

лист
ganye

дорожный указатель
turken alama

дорога
hanya

луг
makiyaya

камень
dutse

дерево
bishiya

путешественник
mai tattaki

река
korama

трава
ciyawa

цветок
fure

долина

kwazazzabo

гора

tudu

озеро

tafki

лес

daji

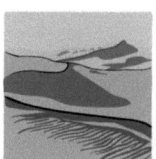

пустыня

hamada

вулкан

amon dutse

замок

fada

радуга

bakan-gizo

гриб

malafar jaki

пальма

bishiyar kwakwar manja

комар

sauro

муха

kuda

муравей

tururuwa

пчела

zuma

паук

gizo

жук

burgunguma

лягушка

kwado

белка

kurege

еж

bushiya

заяц

zomo

сова

mujiya

птица

tsuntsu

лебедь

agwagwar ruwa

кабан

aladen daji

олень

namijin barewa

лось

kanki

плотина

dam

ветряной генератор

lantarki mai iska

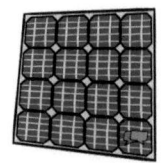

солнечная батарея

farantin hasken rana

климат

yanayi

ландшафт - fadin kasa

ресторан
gidan abinci

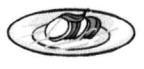

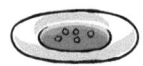

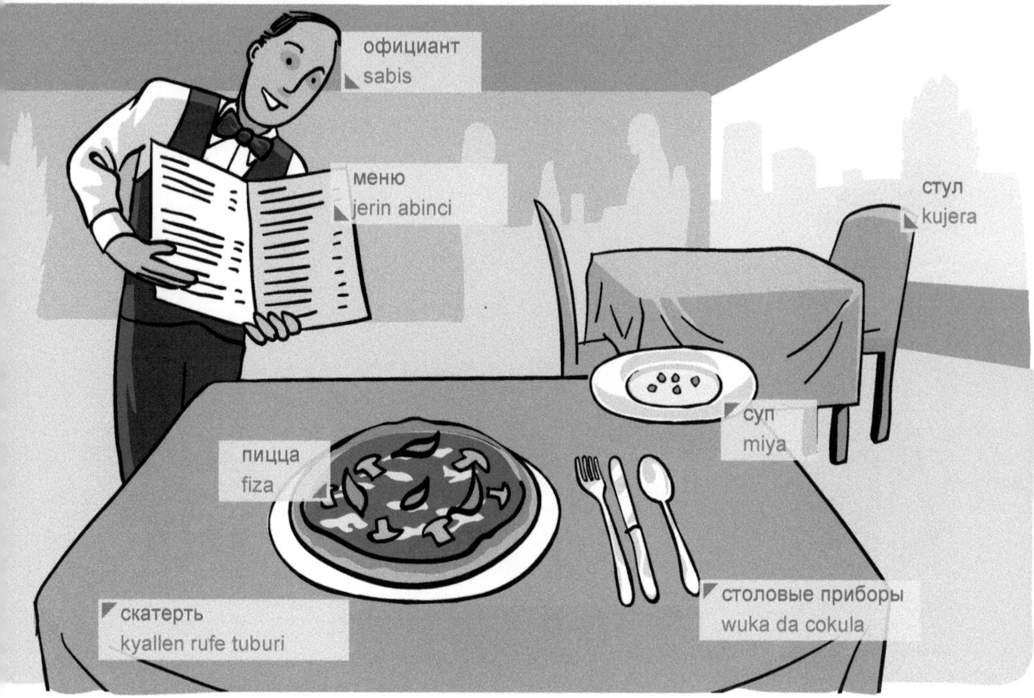
официант
sabis
меню
jerin abinci
стул
kujera
суп
miya
пицца
fiza
скатерть
kyallen rufe tuburi
столовые приборы
wuka da cokula

закуска

makunni

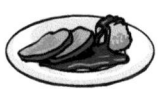

главное блюдо

babban abinci

десерт

kayan zaki

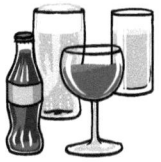

напитки

kayan sha

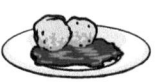

еда

abinci

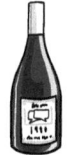

бутылка

kwalba

фастфуд

abincin tafi-da-gidanka

уличная еда

abincin titi

чайник

tukunyar shayi

сахарница

kwanon sikari

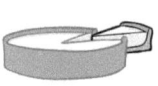

порция

gutsire

кофеварка

injin hada kofi

детский стульчик

kujera mai tudu

счет

doka

поднос

tire

нож

wuka

вилка

cokali mai yatsu

ложка

cokali

чайная ложка

cokalin shayi

салфетка

kyallen cin abinci

стакан

gilashi

ресторан - gidan abinci

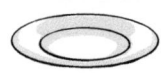

тарелка

faranti

суповая тарелка

farantin miya

блюдце

farantin kofi

соус

hadin dandano

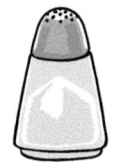

солонка

mazubin gishiri

мельница для перца

abin nikan yaji

уксус

lamurje

масло

mai

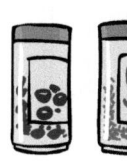

специи

kayan dandano

кетчуп

miyar tumatir

горчица

mustad

майонез

mayonnaise

супермаркет
babban kanti

специальное предложение
tayin musamman
FOR
покупатель
abokin ciniki
молочные продукты
matatsar nono
фрукты
kayan marmari
тележка для покупок
abin daukar kaya

BUTCHERS

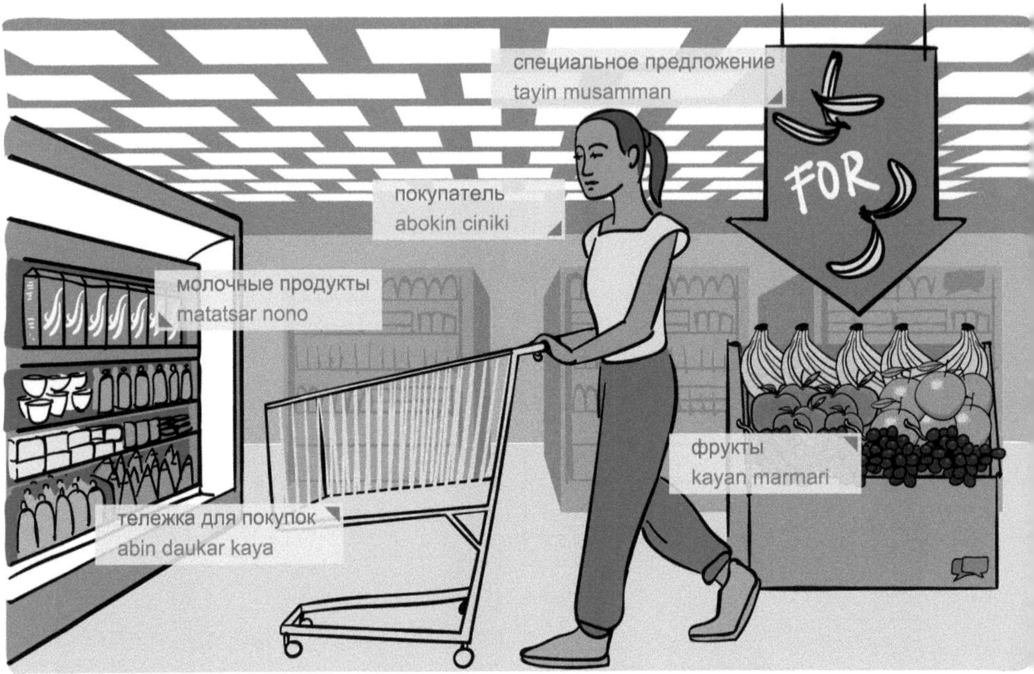

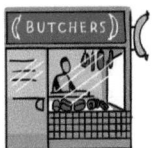

мясной магазин
na mahauci

BAKERY

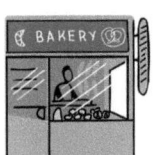

пекарня
shagon mai burodi

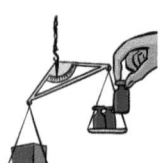

взвешивать
auna nauyi

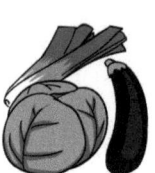

овощи
kayan lambu

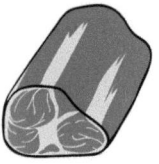

мясо
nama

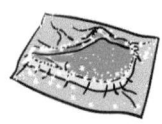

быстрозамороженные продукты
darkararren abinci

нарезка

nama mai sanyi

консервы

abincin gwangwani

стиральный порошок

garin sabulun wanki

сладости

alewa

предмет домашнего обихода

kayan amfanin gida

моющее средство

kayan tsafta

продавщица

mai sayarwa

касса

haro

кассир

mai biyan kudi

список покупок

jerin kayan sayayya

время работы

sa'o'in budewa

бумажник

alabe

кредитная карточка

katin banki

сумка

jaka

полиэтиленовый пакет

jakar roba

вода

ruwa

сок

ruwan 'ya'yan itace

молоко

madara

кока-кола

coke

вино

barasa

пиво

giya

алкоголь

barasa

какао

koko

чай

shayi

кофе

kofi

эспрессо

bakin kofi

капучино

kofi mai madara

банан
ayaba

яблоко
tufa

апельсин
lemon zaki

арбуз
kankana

лимон
lemon tsami

морковь
karas

чеснок
tafarnuwa

бамбук
gora

лук
albasa

гриб
kunnen-jaki

орехи
dangin gyada

лапша
dangin taliya

спагетти

sufageti

рис

shinkafa

салат

man salak

картофель фри

sala-sala

жареный картофель

soyayyen dankali

пицца

fiza

гамбургер

hambaga

сэндвич

sanwich

шницель

kwan nama

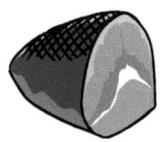

ветчина

naman alade

салями

salami

колбаса

kilishin turawa

курица

kaza

жаркое

gashi

рыба

kifi

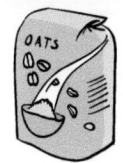

овсяные хлопья

kamun oats

мюсли

muesli

кукурузные хлопья

kwamfiles

мука

fulawa

круассан

fanke

булочка

yankan burodi

хлеб

burodi

тост

gashi

печенье

biskit

масло

bota

творог

man shanu

пирог

kek

яйцо

kwai

яичница

soyayyen kwai

сыр

cuku

мороженое

askirim

сахар

sikari

мёд

zuma

мармелад

jam

крем с нугой

cakuletin shafawa

карри

kori

ферма

gona

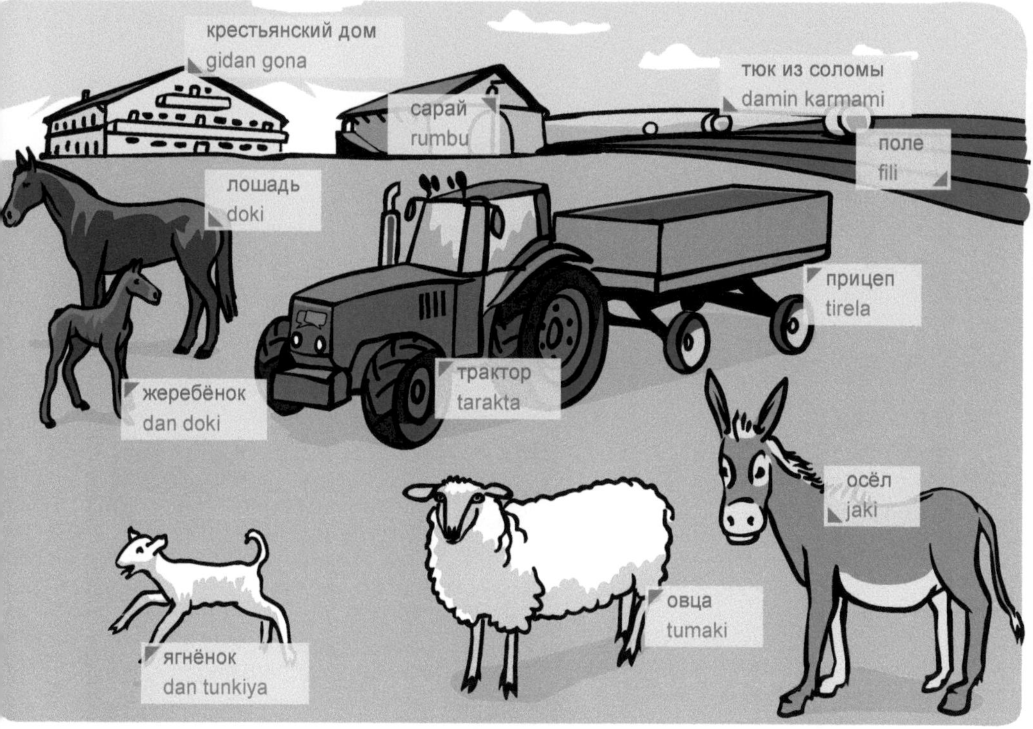
крестьянский дом
gidan gona
сарай
rumbu
тюк из соломы
damin karmami
поле
fili
лошадь
doki
прицеп
tirela
трактор
tarakta
жеребёнок
dan doki
осёл
jaki
овца
tumaki
ягнёнок
dan tunkiya

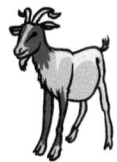

коза

akuya

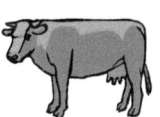

корова

saniya

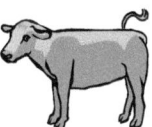

телёнок

maraki

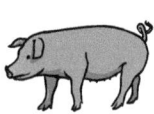

свинья

alade

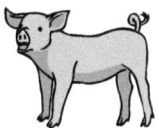

поросёнок

dan alade

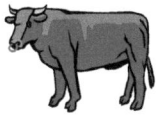

бык

bajimi

гусь

dinya

утка

agwagwa

цыплёнок

dan tsako

курица

kaza

петух

zakara

крыса

bera

кошка

kyanwa

мышь

bera

вол

takarkari

собака

kare

конура

dakin kare

садовый шланг

bututun lambu

лейка

bokitin ban-ruwa

коса

ashasha

плуг

garma

серп

lauje

мотыга

fartanya

навозные вилы

cebur mai yatsu

топор

gatari

тачка

wilbaro

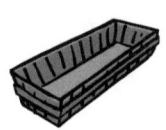

корыто

mazubin abincin dabbobi

бидон для молока

gwangwanin madara

мешок

buhu

забор

shinge

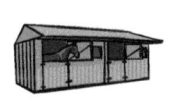

хлев

barga

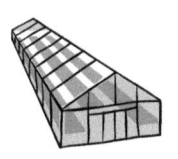

теплица

koren-gida

почва

rairai

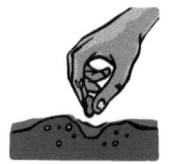

посев

iri

удобрение

taki

комбайн

injin girbi da sussuka

собирать урожай

girbe

урожай

girbi

ямс

doya

пшеница

alkama

соя

waken soya

картофель

dankali

кукуруза

dawa

рапс

furen mai

фруктовое дерево

bishiyar kayan marmari

маниок

rogo

злаки

hatsi

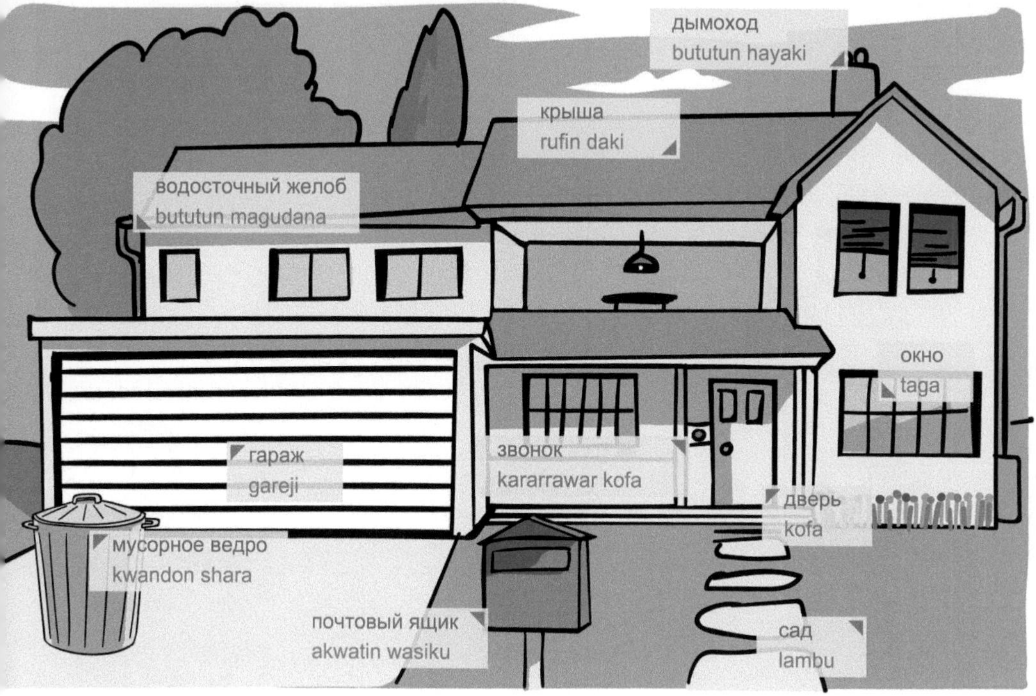

дымоход
bututun hayaki

крыша
rufin daki

водосточный желоб
bututun magudana

окно
taga

гараж
gareji

звонок
kararrawar kofa

дверь
kofa

мусорное ведро
kwandon shara

почтовый ящик
akwatin wasiku

сад
lambu

гостиная

falo

ванная комната

dakin wanka

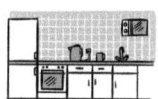

кухня

kicin

спальня

dakin kwana

детская комната

dakin yaro

столовая

dakin cin abinci

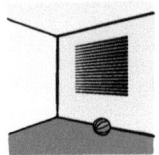

пол

dabe

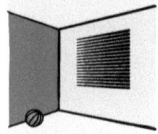

стена

bango

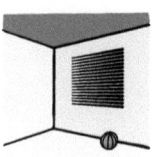

потолок

sili

подвал

dakin karkashin kasa

сауна

wurin wankan dumi

балкон

barandar bene

терраса

baranda

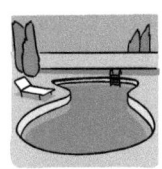

бассейн

gulbin ninkaya

газонокосилка

injin yanke ciyawa

пододеяльник

kwano

покрывало

zanen gado

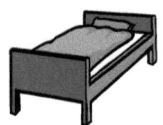

кровать

gado

метла

tsintsiya

ведро

bokiti

выключатель

makunni

гостиная

falo

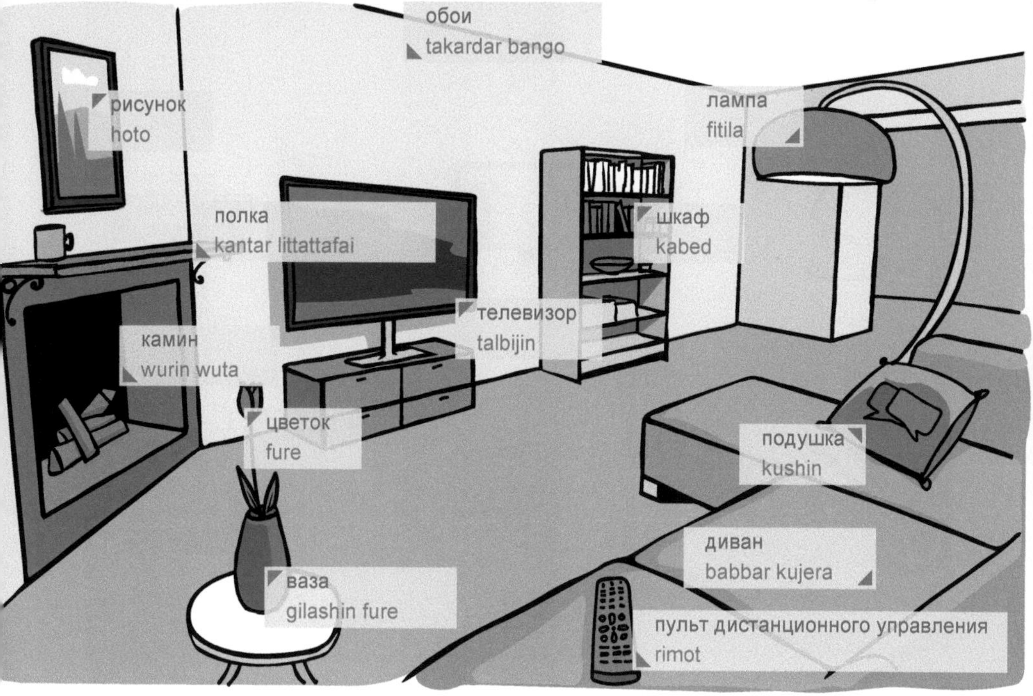
обои
takardar bango
рисунок
hoto
лампа
fitila
полка
kantar littattafai
шкаф
kabed
телевизор
talbijin
камин
wurin wuta
цветок
fure
подушка
kushin
диван
babbar kujera
ваза
gilashin fure
пульт дистанционного управления
rimot

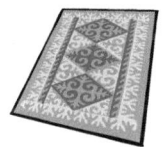

ковёр

darduma

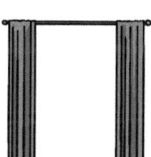

штора

labule

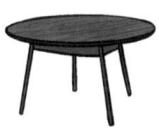

стол

teburi

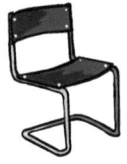

стул

kujera

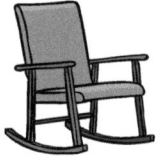

кресло-качалка

kujera mai shillo

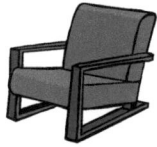

кресло

kujera mai hannu

книга

littafi

покрывало

bargo

украшение

kwalliya

дрова

itacen girki

фильм

fim

стереосистема

kayan hi-fi

ключ

makulli

газета

jarida

картина

zanen fenti

плакат

fasta

радио

rediyo

блокнот

takardar rubutu

пылесос

na'urar share darduma

кактус

murtsunguwa

свеча

kyandir

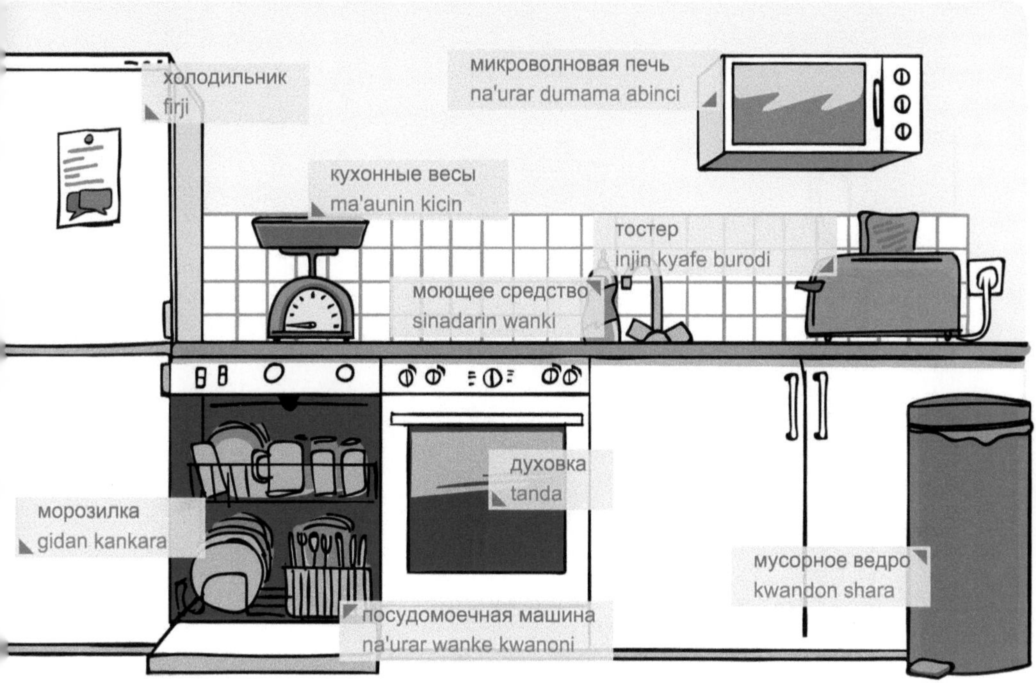

холодильник
firji

микроволновая печь
na'urar dumama abinci

кухонные весы
ma'aunin kicin

тостер
injin kyafe burodi

моющее средство
sinadarin wanki

духовка
tanda

морозилка
gidan kankara

мусорное ведро
kwandon shara

посудомоечная машина
na'urar wanke kwanoni

плита

cooker

кастрюля

tukunya

чугунный котелок

tukunyar alminiyum

вок / кадай

kwanon suya

сковорода

kwanan suya

чайник

buta

пароварка

tukunyar dumi

противень

kwanan gashi

посуда

kayan tangaran

кружка

tambulan

миска

kwano

палочки для еды

tsinkayen cin abinci

половник

ludayi

лопатка

ludayin suya

сбивалка

makadin kwai

сито

rariya

сито

mataci

тёрка

na'urar nika

ступка

turmi

гриль

balangu

костёр

wutar sarari

доска

katakon yanke-yanke

скалка

katakon murji

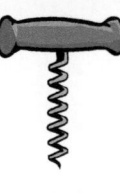

штопор

mabudin kwalba

жестяная банка

gwangwani

консервный нож

mabudin gwangwani

прихватка

hannun tukunya

раковина

wurin wanke-wanke

щетка

burushi

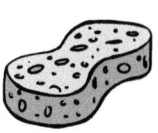

губка

soso

миксер

bilenda

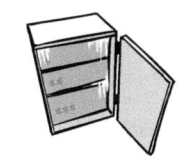

морозильная камера

babban gidan kankara

бутылочка для кормления

bulumboti

кран

famfo

ванная комната
dakin wanka

отопление
bada dumi
полотенце
tawul
пенистая ванна
wankan kumfa
душ
shaya
душевая занавеска
labulen wanka
ванна
kwamin wanka
стакан
gilashi
стиральная машина
injin wanki
кран
famfo
плитка
tayil
горшок
fo
раковина
wurin wanke-wanke

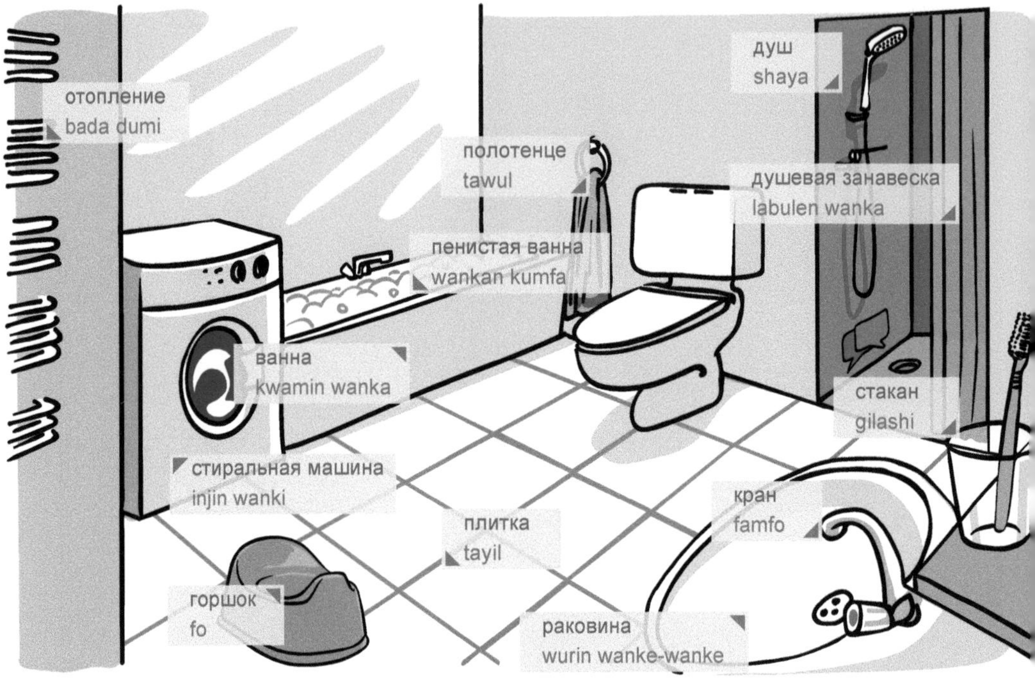

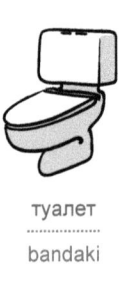

туалет

bandaki

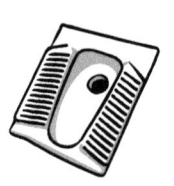

напольный унитаз

bandakin tsuguno

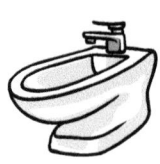

биде

kwamin tsarki

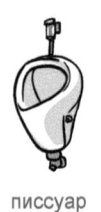

писсуар

wurin fitsari

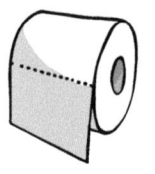

туалетная бумага

takardar bandaki

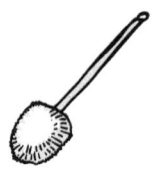

ершик

burushin bandaki

зубная щетка

burushin hakori

зубная паста

man hakori

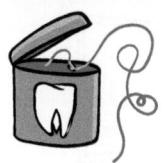

зубная нить

zaren sakace

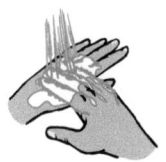

мыть

wanke

ручной душ

shayar hannu

интимный душ

wankin farji

таз

kwamin wanke hannu

щетка для спины

burushin wanke baya

мыло

sabulu

гель для душа

ruwan sabulun wanka

шампунь

man gyaran gashi

мочалка

tsumman wanka

сток

lambatu

крем

kirim

дезодорант

turaren kamshi

зеркало

madubi

ручное зеркало

madubin hannu

бритва

reza

пена для бритья

man yaran fuska

лосьон после бритья

man aski

расческа

mataji

щетка

burushi

фен

na'urar busar da gashi

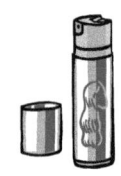

лак для волос

man gashi

косметика

kwalliya

губная помада

jan-baki

лак для ногтей

man farce

вата

audugar goge kunne

маникюрные ножницы

almakashin yankan farce

духи

turare

косметичка

jakar wanka

табуретка

bahaya

весы

ma'aunin nauyi

халат

rigar wanka

резиновые перчатки

safar roba

тампон

audugar haila

гигиеническая прокладка

audugar mata

биотуалет

bandakin tafi-da-gidanka

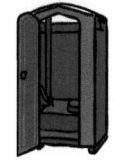

детская комната

dakin yaro

будильник
agogo mai kararrawa
мягкая игрушка
yartsanar tsumma
игрушечный автомобиль
motar wasan yara
погремушка
kara
кукольный домик
gidan 'yartsana
подарок
kyauta

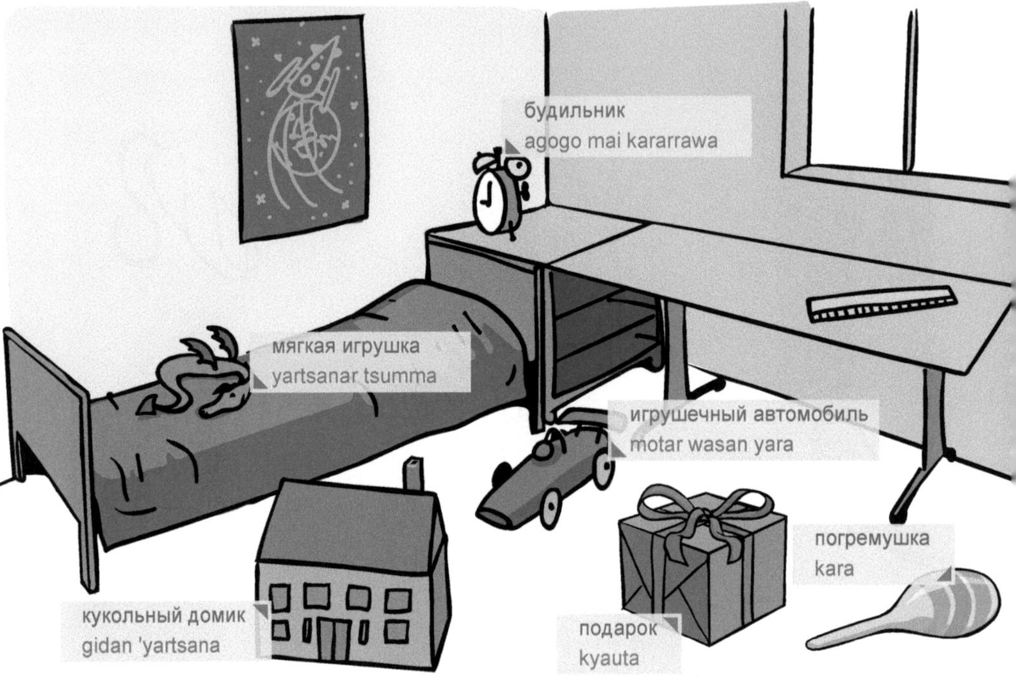

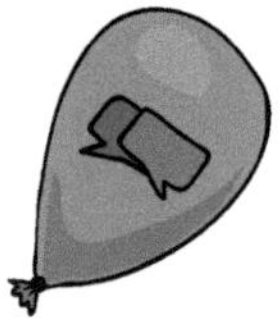

воздушный шар

balo

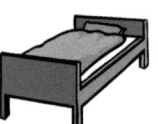

кровать

gado

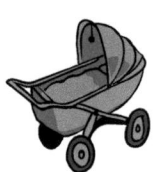

детская коляска

keken jarirai

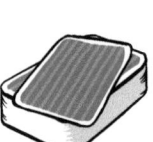

карточная игра

benen kwalaye

пазл

wasa kwakwalwa

SUPER
MEGA

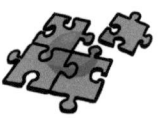

комикс

ban dariya

кирпичики Лего

tubalan roba

кубики

tubalan gini

игрушечная фигурка

mutum-mai-aiki

ползунки

rigar jariri

фрисби

Dokin iska

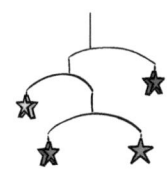

мобиле

tafi-da-gidanka

настольная игра

wasan dara

кубик

dan ludo

модель железной дороги

zubin kwatancin jirgin kasa

соска

mutum-mutumi

вечеринка

walima

книга с картинками

littafi mai hotuna

мяч

kwallo

кукла

yartsana

играть

yi wasa

песочница

akwatin yashi

качели

lilo

игрушка

kayan wasan yara

игровая приставка

allon wasannin bidiyo

трёхколесный велосипед

babur mai taya uku

плюшевый медвежонок

yartsanar tsumma

шкаф для одежды

wadirob

одежда

tufafi

носки

safa

чулки

sitokins

колготки

matse-jiki

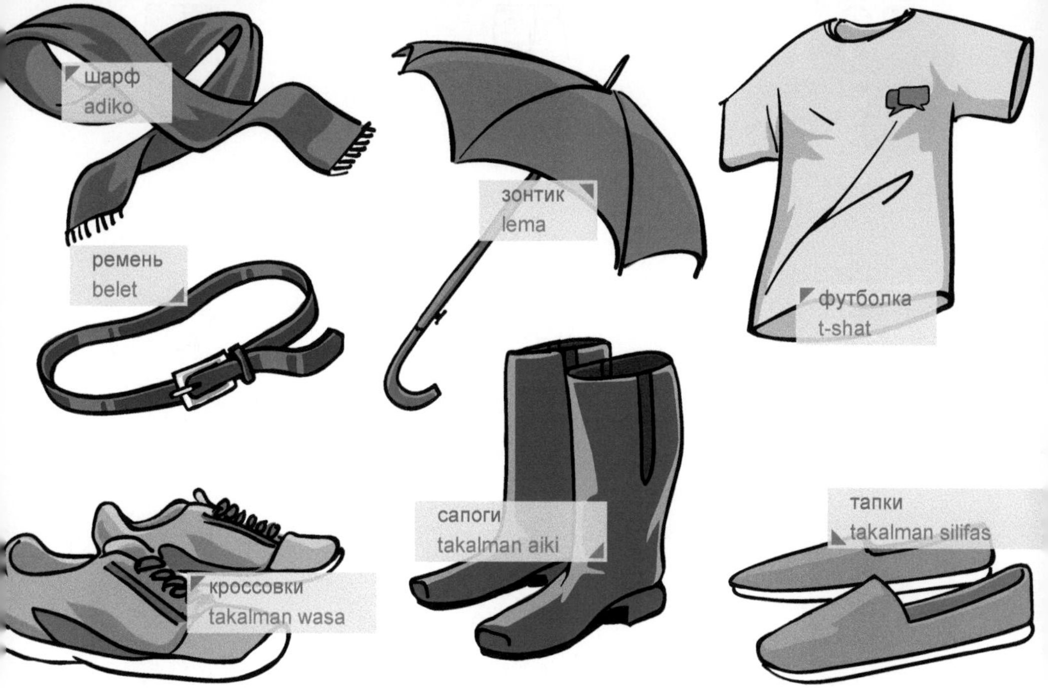

шарф
adiko

зонтик
lema

ремень
belet

футболка
t-shat

сапоги
takalman aiki

тапки
takalman silifas

кроссовки
takalman wasa

сандалии
takalman sandal

ботинки
takalma

резиновые сапоги
takalman roba

трусы
kamfai

бюстгальтер
rigar nono

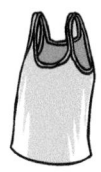

майка
falmaran

боди

jiki

брюки

wando

джинсы

jeans

юбка

dantofi

блузка

rigar mata

рубашка

karamar riga

свитер

riga mai hula

свитер

hular riga

спортивная куртка

bileza

жакет

jaket

пальто

kwat

плащ

rigar ruwa

костюм

kayan yayi

платье

kayan sawa

свадебное платье

rigar aure

мужской костюм

kwat da wando

ночная сорочка

rigar dare

пижама

kayan barci

сари

sari

платок

dankwali

тюрбан

rawani

паранджа

hijabi

кафтан

kaftani

абайя

abaya

купальник

rigar iyo

плавки

wandon wasa

шорты

gajeran wando

спортивный костюм

kayan wasanni

фартук

kyallen aiki

перчатки

safar hannu

пуговица

maballi

очки

tabarau

браслет

awarwaro

цепочка

tsakiya

кольцо

zobe

серьга

dan kunne

шапка

hula

вешалка

maratayin kwat

шляпа

malafa

галстук

lakataya

застежка молния

zi

шлем

hular kwano

подтяжки

masu daidaita hakori

школьная форма

kayan makaranta

форма

yunifom

детский нагрудник

kyallen cin abincin jariri

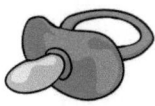

соска

mutum-mutumi

подгузник

kunzugu

сервер
saba

канцелярский шкаф
kabed din fayiloli

принтер
na'urar dab'i

бумага
takarda

монитор
fuskar kwamfuta

письменный стол
babban teburi

мышь
mouse

папка
makunshi

клавиатура
allon madannai

корзина для бумаг
kwandon shara

компьютер
kwamfuta

стул
kujera

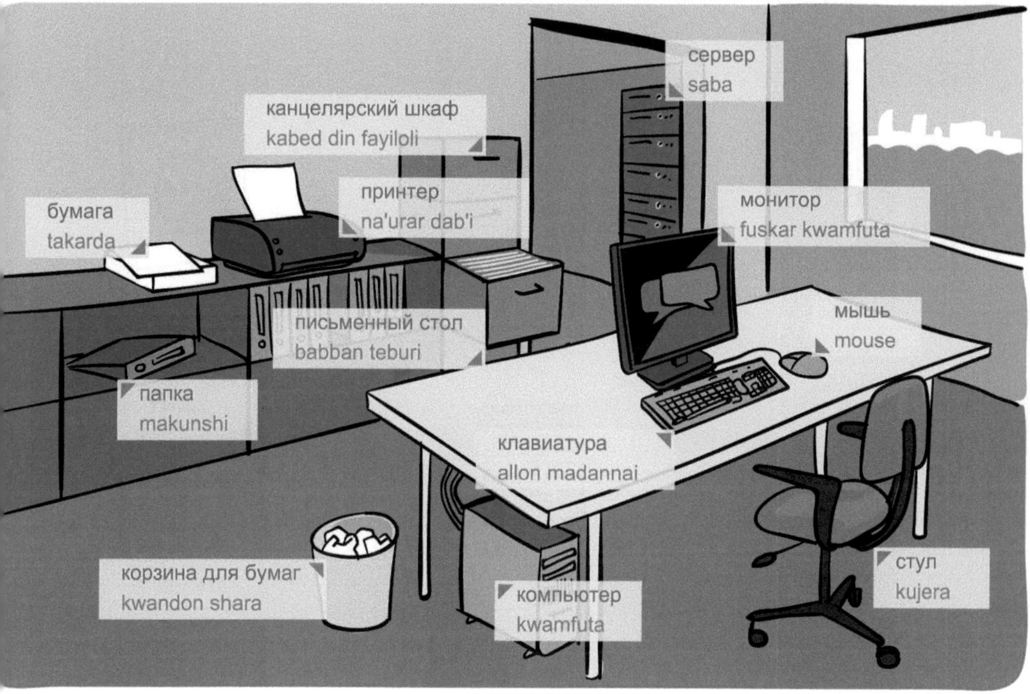

кофейная кружка

tambulan kofi

калькулятор

kwakuleta

интернет

intanet

ноутбук

laptop

письмо

wasika

сообщение

sako

мобильный телефон

tafi-da-gidanka

сеть

sadarwa

ксерокс

na'urar hoton takarda

программа

kwakwalwar kwamfuta

телефон

tarho

розетка

jona soket

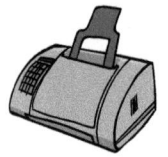

факс

na'urar faks

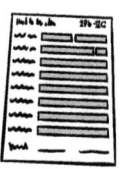

формуляр

fom

документ

daftari

покупать

sayi

платить

biya

торговать

yi ciniki

деньги

kudi

 **USD**

доллар

dala

 **EUR**

евро

euro

 **JPY**

иена

yen

 **RUB**

рубль

robul

 **CHF**

франк

franc na Swiss

 **CNY**

жэньминьби юань

renminbi yuan

 **INR**

рупия

rupee

банкомат

injin bada kudi

пункт обмена валюты

gidan canjin kudi

золото

zinare

серебро

azurfa

нефть

mai

энергия

makamashi

цена

farashi

договор

matuntuba

налог

haraji

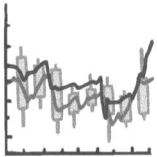

акция

kaya

работать

yi aiki

служащий

ma'aikaci

работодатель

mai daukar ma'aikata

фабрика

masana'anta

магазин

kanti

милиционер
jami'in dansanda

пожарный
ma'aikaci kashe gobara

повар
kuku

врач
likita

пилот
direban jirgin sama

садовник
mai aikin lambu

столяр
kafinta

швея
mace mai dinki

судья
alkali

химик
mai hada magunguna

актёр
jarumi

водитель автобуса

direban bas

таксист

direban tasi

рыбак

masunci

уборщица

mace mai shara

кровельщик

mai aikin rufi

официант

sabis

охотник

mafarauci

художник

mai fenti

пекарь

mai yin burodi

электрик

mai gyaran lantarki

строитель

magini

инженер

injiniya

мясник

mahauci

сантехник

mai gyaran famfo

почтальон

mai raba wasiku

солдат

soja

архитектор

mai zayyanar gidaje

кассир

mai biyan kudi

флорист

mai sayar da furanni

парикмахер

mai gyaran gashi

кондуктор

mai kida

механик

bakanike

капитан

kyaftin

зубной врач

likitan hakori

ученый

masanin kimiyya

раввин

limamin yahudu

имам

liman

монах

mai ibadar kirista

священник

malamin addini

инструменты
kayan aiki

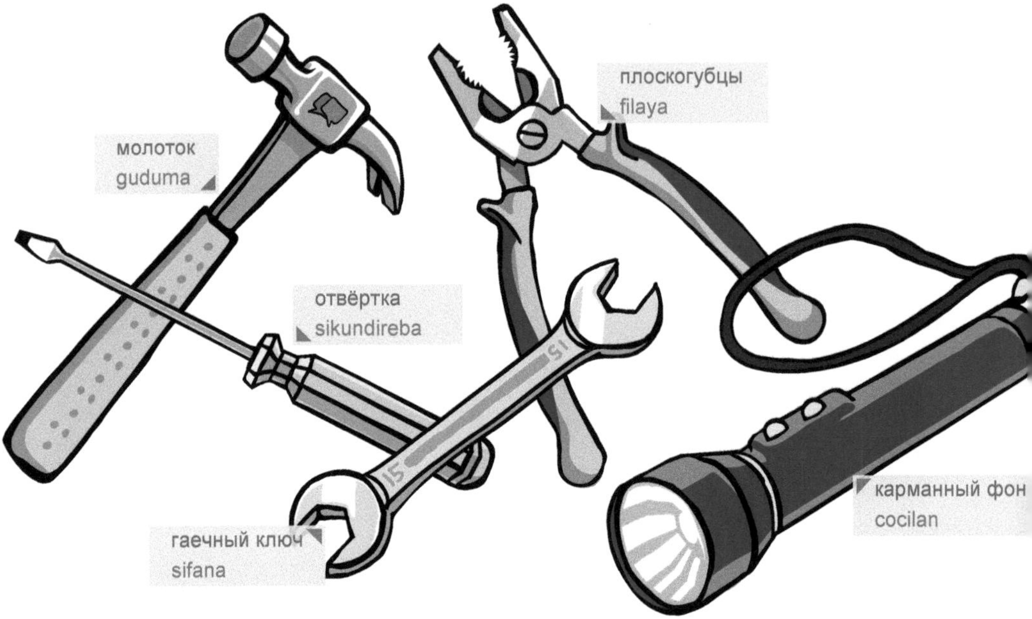

молоток
guduma
плоскогубцы
filaya
отвёртка
sikundireba
гаечный ключ
sifana
карманный фон
cocilan

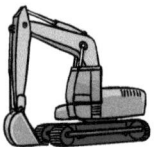

экскаватор

diga

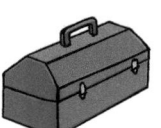

ящик для инструментов

akwatin kayan aiki

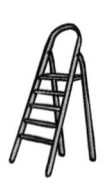

стремянка

tsani

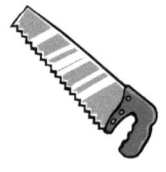

пила

zarto

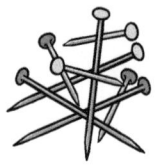

гвозди

kusoshi

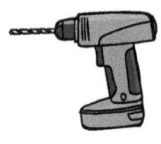

дрель

abin hudawa

ремонтировать

gyara

лопата

chebur

Блин!

Tafdi!

совок

makwashin shara

ведро с краской

tukunyar fenti

винты

kusoshi masu barima

музыкальные инструменты
kayan kida

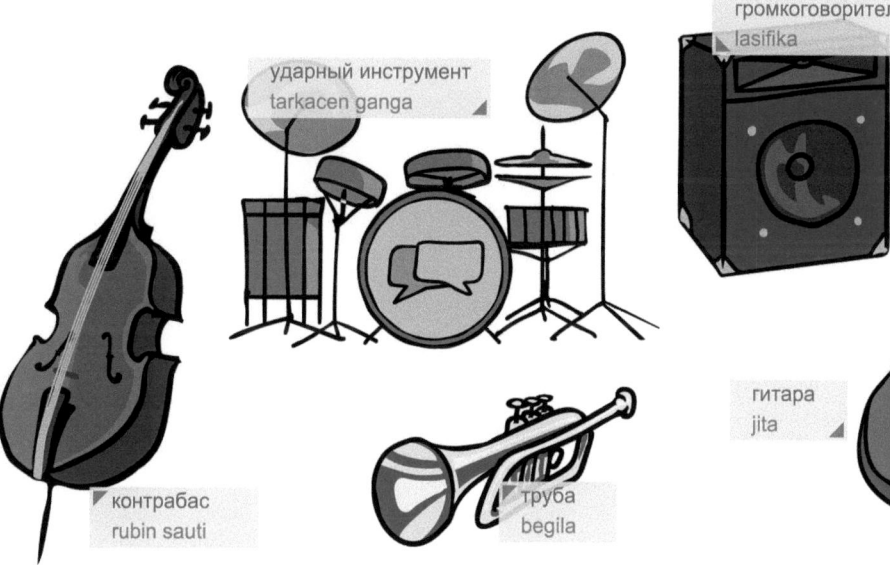

громкоговоритель
lasifika

ударный инструмент
tarkacen ganga

контрабас
rubin sauti

труба
begila

гитара
jita

пианино

fiyano

скрипка

goge

бас-гитара

karamin sauti

литавры

gangunan timpani

барабан

ganguna

синтезатор

masarrafin fiyano

саксофон

saxophone

флейта

sarewa

микрофон

makirfo

зоопарк

gidan namun daji

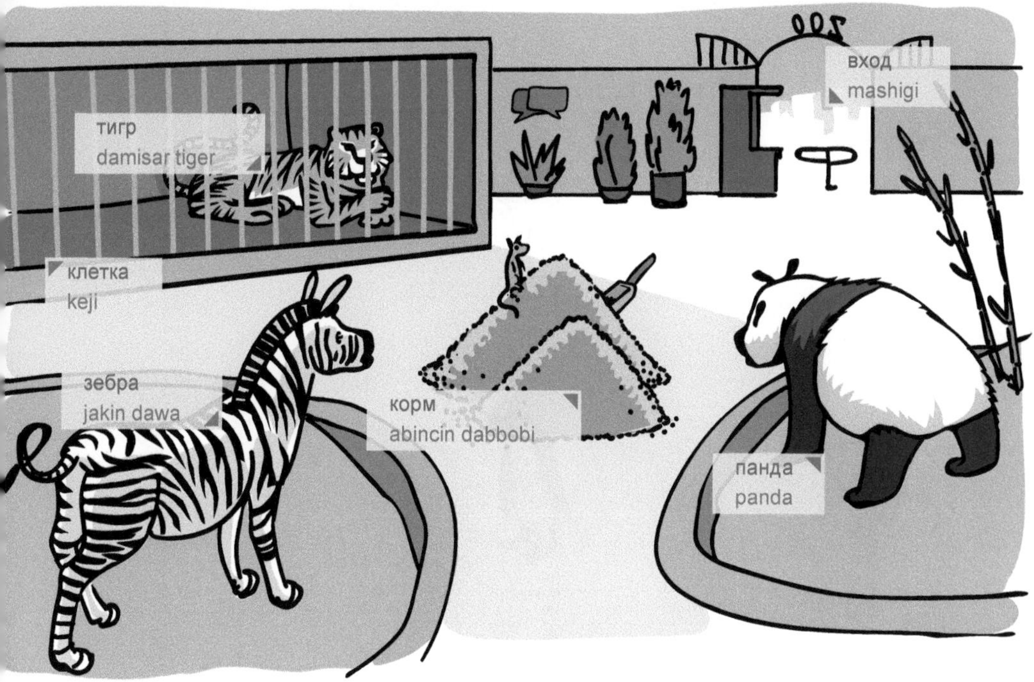

вход
mashigi
тигр
damisar tiger
клетка
keji
зебра
jakin dawa
корм
abincin dabbobi
панда
panda

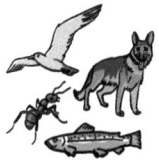

животные

dabbobi

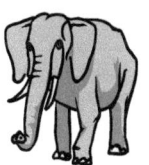

слон

giwa

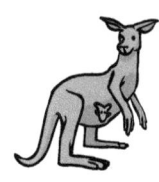

кенгуру

babba-da-jaka

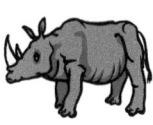

носорог

karkanda

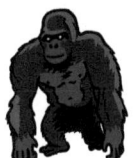

горилла

goggon biri

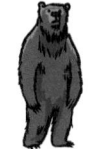

медведь

dabbar bear

верблюд

rakumi

страус

jimina

лев

zaki

обезьяна

biri

фламинго

dinya

попугай

aku

белый медведь

bear ta yankin kankara

пингвин

penguin

акула

kifin shark

павлин

dawisu

змея

maciji

крокодил

kada

служитель зоопарка

mai tsaro zu

тюлень

seal

ягуар

damisar jaguar

зоопарк - gidan namun daji

пони

dukushi

леопард

damisar leopard

бегемот

mugun dawa

жираф

rakumin dawa

орёл

mikiya

кабан

aladen daji

рыба

kifi

черепаха

kunkuru

морж

walrus

лиса

dila

газель

barewa

американский футбол
kwallon kafar Amurka

езда на велосипеде
tseren keke

теннис
wasan tennis

баскетбол
kwallon kwando

плавание
ninkaya

бокс
dambe

хоккей
kwallon gora na cikin kar

футбол
kwallon kafa

бадминтон
badiminton

лёгкая атлетика
wasannin motsa jiki

гандбол
kwallon hannu

лыжный спорт
wasan kan kankara

поло
kwallon dawaki

действия

harkoki

смеяться
yi dariya
прыгать
yi tsalle
обнимать
rungumi
идти
yi tattaki
петь
rera waka
мечтать
mafarki
молиться
yi addu'a
целовать
sumbaci

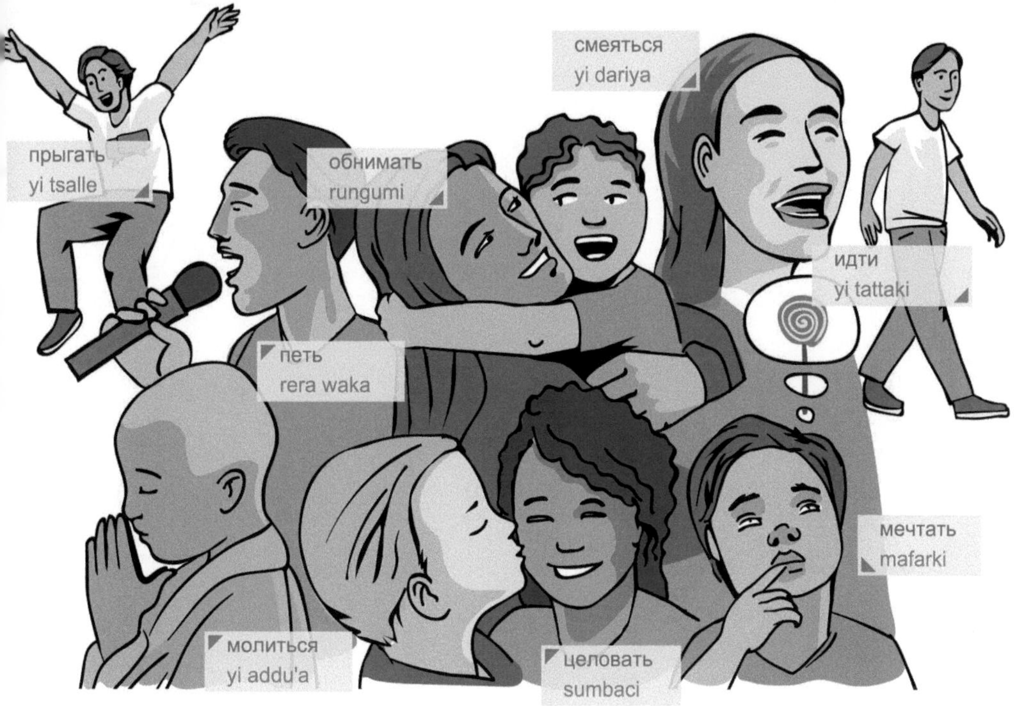

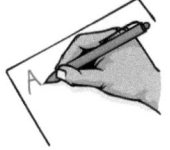

писать

rubuta

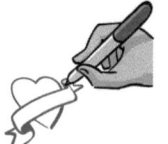

рисовать

zana

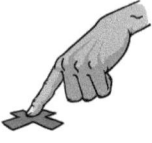

показывать

nuna

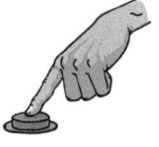

нажимать

tura

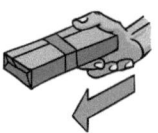

давать

bayar

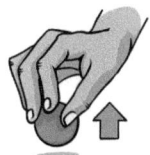

брать

dauki

иметь
....
sami

делать
....
yi

быть
....
kasance

стоять
....
tsaya

бежать
....
gudu

тянуть
....
jawo

бросать
....
jefa

падать
....
faduwa

лежать
....
yi karya

ждать
....
jira

носить
....
dauki

сидеть
....
zauna

надевать
....
sanya tufafi

спать
....
yi barci

просыпаться
....
farka

рассматривать

kalli

плакать

kuka

гладить

bugi

причесывать

taje

говорить

yi magana

понимать

fahimci

спрашивать

tambayi

слушать

saurari

пить

sha

кушать

ci

наводить порядок

tattare

любить

yi soyayya

готовить

dafa

ехать

yi tuki

летать

tashi

ходить под парусом

tafi a kwalekwale

считать

kwakuleta

читать

karanta

учиться

koyi

работать

yi aiki

вступать в брак

yi aure

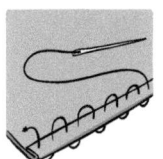

шить

dinka

чистить зубы

goge hakora

убивать

kashe

курить

busa taba

отправлять

aika

семья

iyali

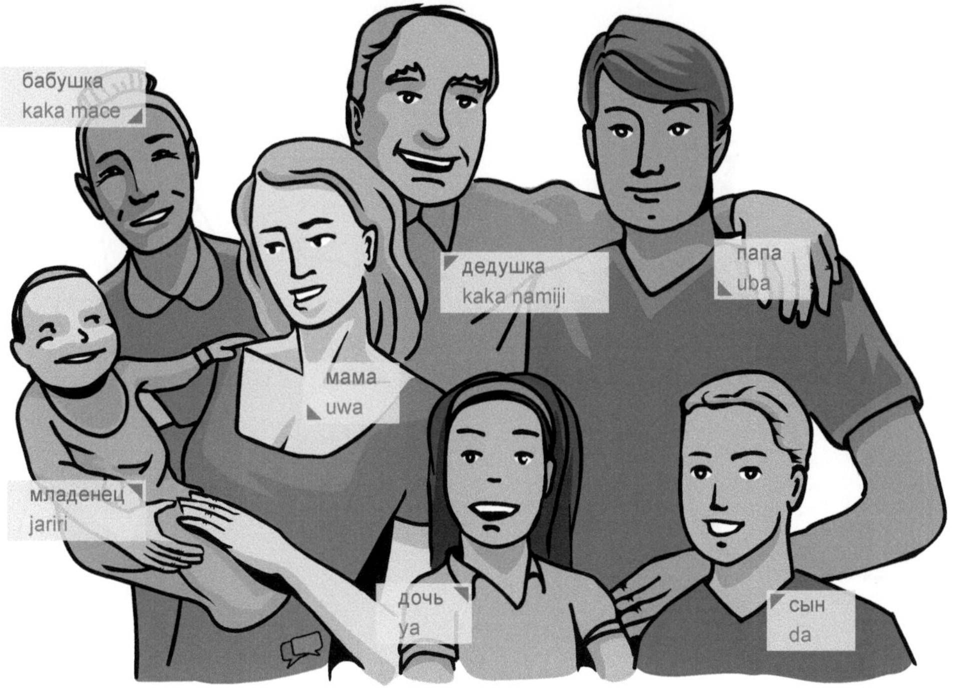
бабушка
kaka mace
дедушка
kaka namiji
папа
uba
мама
uwa
младенец
jariri
дочь
ya
сын
da

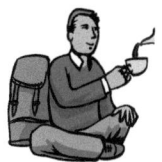

гость
bako

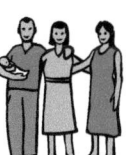

тетя
gwaggo

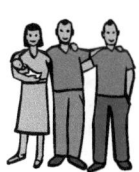

дядя
kawu

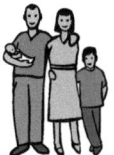

брат
dan'uwa

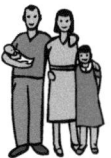

сестра
yar'uwa

тело

jiki

лоб
goshi
глаз
ido
плечо
kafada
палец
yatsa
лицо
fuska
подбородок
ha'ba
кисть
hannu
грудь
nono
нога
kafa
рука
damtse

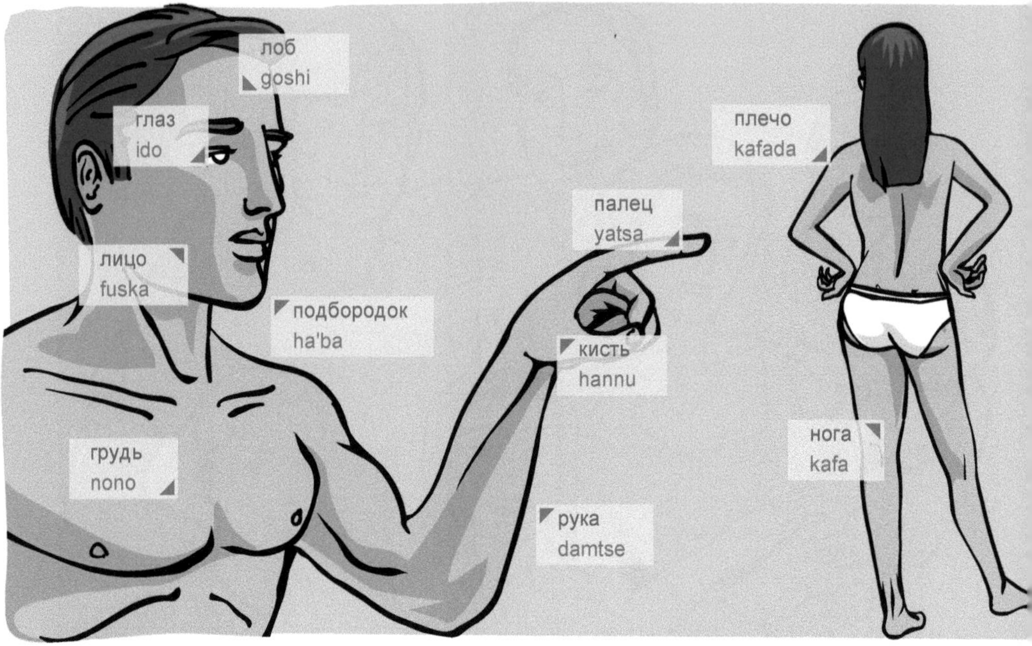

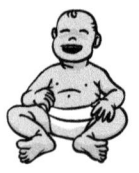

младенец

jariri

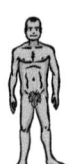

мужчина

mutum

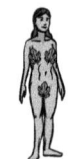

женщина

mace

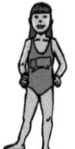

девочка

yarinya

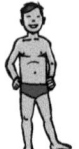

мальчик

yaro

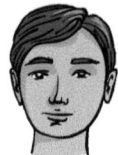

голова

kai

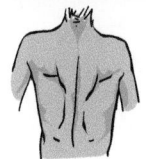

спина

baya

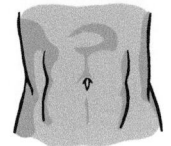

живот

tulun ciki

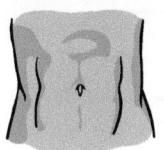

пупок

maballin ciki

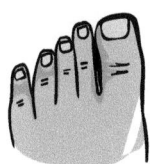

палец ноги

yatsan kafa

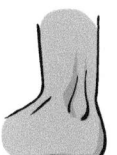

пятка

dudduge

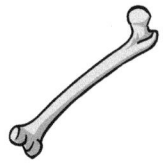

кость

kashi

бедро

kugu

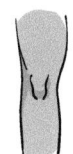

колено

guiwa

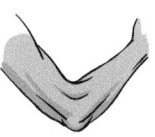

локоть

guiwar hannu

нос

hanci

ягодицы

kasa

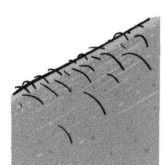

кожа

fata

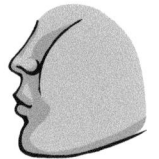

щека

kumatu

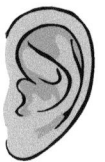

ухо

kunne

губа

lebe

тело - jiki

рот
wata

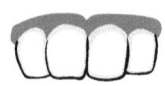

зуб
hakori

язык
harshe

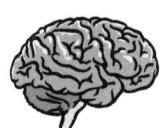

мозг
kwakwalwa

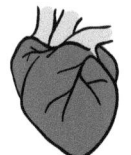

сердце
zuciya

мышца
kwanji

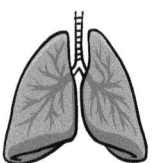

лёгкое
huhu

печень
hanta

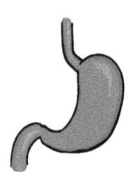

желудок
ciki

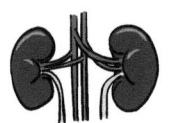

почки
koda

половой акт
jima'i

презерватив
kwaroron roba

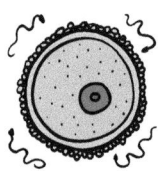

яйцеклетка
kwan mahaifa

сперма
maniyyi

беременность
juna-biyu

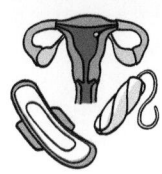

менструация

haila

вагина

farji

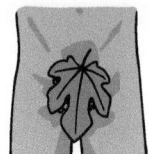

пенис

zakari

бровь

gira

волосы

gashi

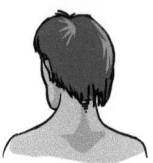

шея

wuya

больница
asibiti

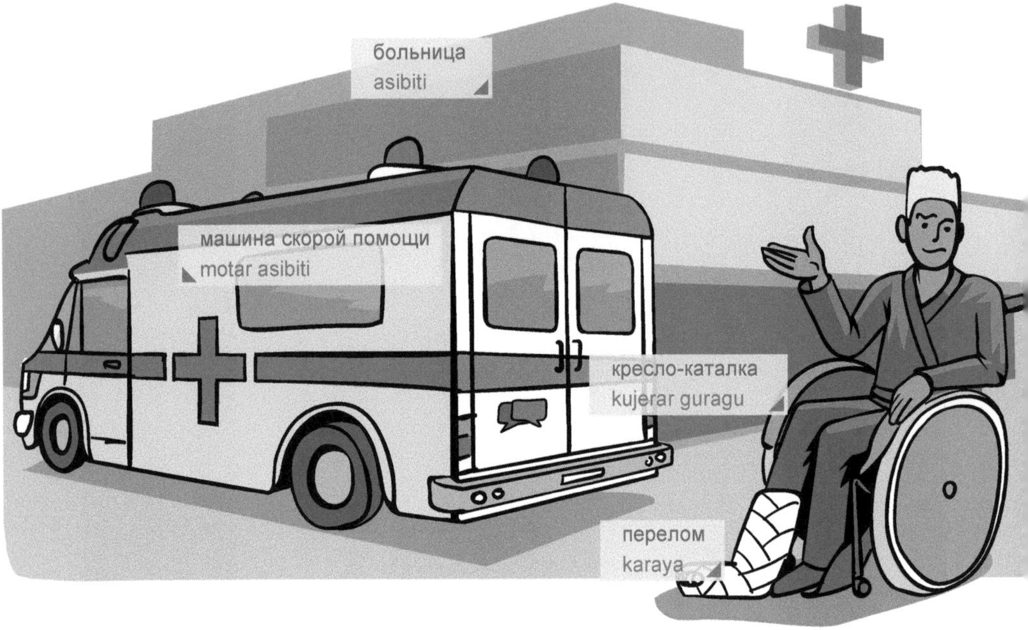

больница
asibiti
машина скорой помощи
motar asibiti
кресло-каталка
kujerar guragu
перелом
karaya

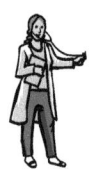

врач

likita

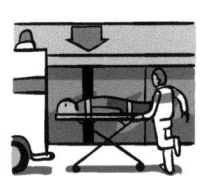

пункт первой помощи

dakin kulawar gaggawa

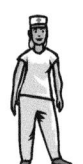

медсестра

ma'aikaciyar jinya

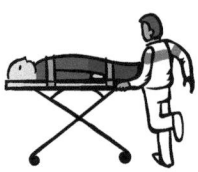

неотложный случай

na gaggawa

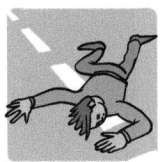

без сознания

magashiyyan

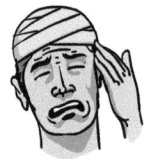

боль

radadi

повреждение

rauni

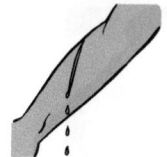

кровотечение

zubar jini

инфаркт

bugun zuciya

инсульт

bugun jini

аллергия

kyan-jiki

кашель

tari

повышенная температура

zazzabi

грипп

mura

понос

gudawa

головная боль

ciwon kai

рак

cutar sankara

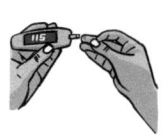

диабет

ciwon suga

хирург

likitan tiyata

скальпель

wukar likita

операция

tiyata

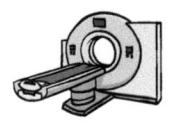

КТ
CT

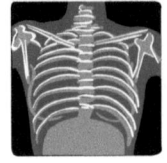

рентген
hoton kirji

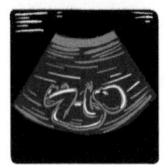

ультразвук
hoton ciki

маска
marufin fuska

болезнь
cuta

приёмная
dakin jira

костыль
madogari

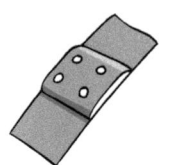

пластырь
filasta

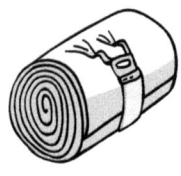

бинт
bandeji

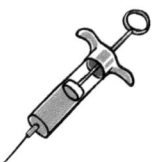

укол
allura

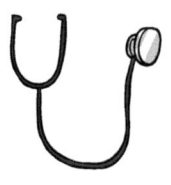

стетоскоп
na'urar awon zuciya

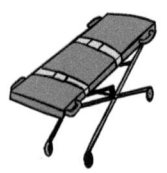

носилки
gadon daukar marar lafiya

термометр
na'urar auna zafin jiki

рождение
haihuwa

избыточный вес
yawan nauyi

слуховой аппарат

abin kara ji

дезинфекционное средство

sinadarin kashe kwayoyin cuta

инфекция

kamuwar cuta

вирус

kwayar cuta

ВИЧ / СПИД

Cutar Kanjamau

лекарство

magani

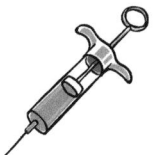

прививка

riga-kafi

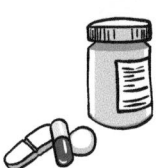

таблетки

kwayoyin magani

противозачаточная таблетка

magani

экстренный вызов

kiran gaggawa

прибор для измерения кровяного давления

ma'aunin hawan jini

больной / здоровый

cuta / lafiya

Помогите!
Taimako!

сигнал тревоги
kararrawa

нападение
farmaki

атака
hari

опасность
hatsari

запасной выход
kofar ko-takwana

Пожар!
Wuta!

огнетушитель
abin kashe wuta

несчастный случай
hadari

аптечка
kayan taimakon gaggawa

SOS
Neman taimako

милиция
dansanda

Европа

Turai

Северная Америка

Amurka ta Arewa

Южная Америка

Amurka ta Kudu

Африка

Afirka

Азия

Asiya

Австралия

Australia

Атлантический океан

Atlantika

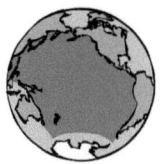

Тихий океан

Pacific

Индийский океан

Tekun Indiya

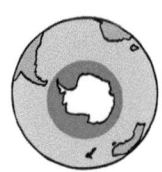

Антарктический океан

Tekun Antatika

Северный Ледовитый океан

Tekun Arctic

Северный полюс

Barin duniya na Arewa

Южный полюс

Barin duniya na Kudu

Антарктика

Antatika

земля

Kasa

суша

tsandauri

море

kogi

остров

tsibiri

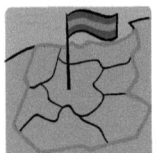

нация

kasa

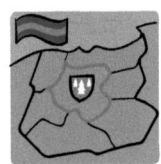

государство

jiha

циферблат

fuskar agogo

часовая стрелка

hannun awa

минутная стрелка

hannun mintuna

секундная стрелка

hannun dakika

Который час?

Karfe nawa yanzu?

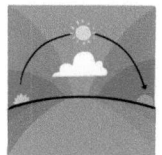

день

rana

время

lokaci

сейчас

yanzu

электронные часы

agogon dijita

минута

minti

час

awa

неделя

mako

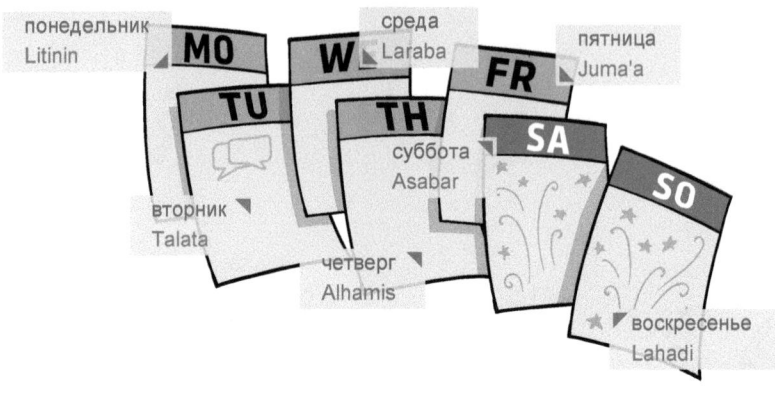

понедельник
Litinin

среда
Laraba

пятница
Juma'a

вторник
Talata

четверг
Alhamis

суббота
Asabar

воскресенье
Lahadi

вчера
....
jiya

сегодня
....
yau

завтра
....
gobe

утро
....
safiya

полдень
....
tsakar rana

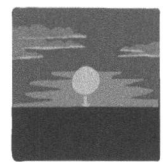

вечер
....
yamma

рабочие дни
....
ranakun kasuwanci

выходные
....
karshen mako

год

shekara

дождь
ruwan sama
радуга
bakan-gizo
снег
dusar kankara
ветер
iska
весна
damina
осень
Kaka
лето
bazara
зима
lokacin sanyi

4.APRIL 11°
5.APRIL 4°
6.APRIL 13°
7.APRIL 8°
8.APRIL 10°

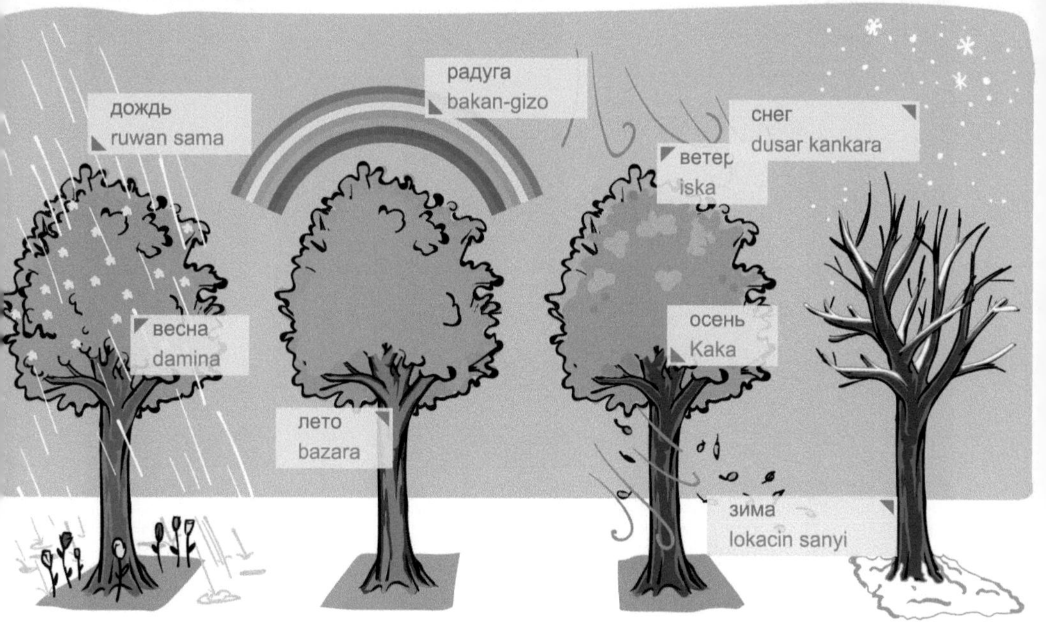

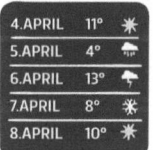

прогноз погоды

hasashen yanayi

F C
120 40
90 30
60 20
30 10
0 0
-30 -10
-20

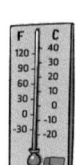

термометр

na'urar gwajin zafi da sanyi

солнечный свет

hasken rana

туча

gajimare

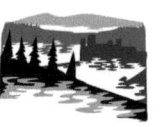

туман

hazo

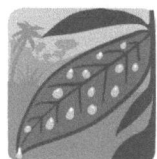

влажность воздуха

dumi

молния

walkiya

гром

aradu

буря

guguwa

град

kankarar ruwan sama

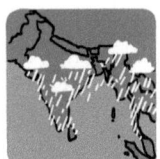

муссон

iskar bazara

наводнение

ambaliyar ruwa

лёд

kankara

январь

Janairu

февраль

Fabarairu

март

Maris

апрель

Afirilu

май

Mayu

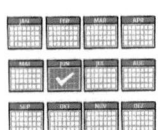

июнь

Yuni

июль

Yuli

август

Agusta

год - shekara

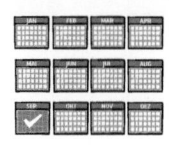

сентябрь

Satumba

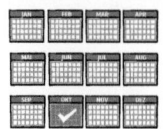

октябрь

Oktoba

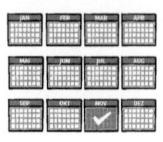

ноябрь

Nuwamba

декабрь

Disamba

формы
siffofi

круг

da'ira

квадрат

murabba'i

прямоугольник

kusurwa hudu

треугольник

kusurwa uku

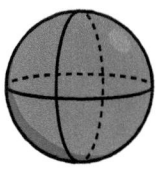

шар

mulmulalle

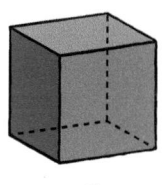

куб

dunkule

цвета

launuka

белый

fari

желтый

rawaya

оранжевый

ruwan lemo

розовый

ruwan shanshanbali

красный

ja

лиловый

garura

синий

shudi

зелёный

kore

коричневый

ruwan kasa

серый

ruwan toka

черный

baki

много / мало

da yawa / kadan

яростный / мирный

fushi / nutsuwa

красивый / уродливый

kyakkyawa / mummuna

начало / конец

farko / karshe

большой / маленький

babba / karami

светлый / темный

mai haske / mai duhu

брат / сестра

dan uwa / 'yar uwa

чистый / грязный

mai tsafta / kazami

полный / неполный

cikakke / maras cika

день / ночь

rana / dare

мёртвый / живой

matacce / mai rai

широкий / узкий

mai fadi / matsattse

съедобный / несъедобный

na ci / ba na ci ba

злой / дружелюбный

mugu / mai tausayi

взволнованный /
скучающий

mai karsashi / gajiyayye

толстый / худой

kakkaura / siriri

сначала / в конце

na farko / na karshe

друг / враг

aboki / makiyi

полный / пустой

cikakke / holoko

твёрдый / мягкий

mai tauri / mai laushi

тяжёлый / легкий

mai nauyi / marar nauyi

голод / жажда

yunwa / kishin ruwa

больной / здоровый

cuta / lafiya

незаконный / законный

haramtacce / halastacce

умный / глупый

mai basira / dakiki

слева / справа

hagu / dama

близко / далеко

kusa / nesa

новый / подержанный

sabo / na-hannu

ничто / нечто

ba komai / wani abu

старый / молодой

tsoho / yaro

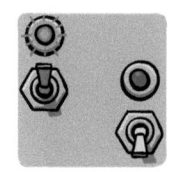

включено / выключено

kunna / kashe

открыто / закрыто

a bude / a rufe

тихо / громко

shiru / kara

богатый / бедный

mai arziki / talaka

правильный / неправильный

daidai / bata

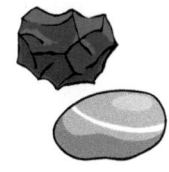

шероховатый / гладкий

mai kaushi / mai santsi

печальный / счастливый

bakin ciki / farin ciki

короткий / длинный

gajere / dogo

медленный / быстрый

a sannu / da sauri

мокрый / сухой

jikakke / busasshe

тёплый / прохладный

dumi / sanyi

война / мир

yaki / zaman lafiya

0

ноль

sifili

1

один

daya

2

два

biyu

3

три

uku

4

четыре

hudu

5

пять

biyar

6

шесть

shida

7

семь

bakwai

8

восемь

takwas

9

девять

tara

10

десять

goma

11

одиннадцать

goma sha daya

12
двенадцать

goma sha biyu

13
тринадцать

goma sha uku

14
четырнадцать

goma sha hudu

15
пятнадцать

goma sha biyar

16
шестнадцать

goma sha shida

17
семнадцать

goma sha bakwai

18
восемнадцать

goma sha takwas

19
девятнадцать

goma sha tara

20
двадцать

ashirin

100
сто

dari

1.000
тысяча

dubu

1.000.000
миллион

miliyan

английский

Turanci

американский английский

Turancin Amurka

мандаринский китайский

Mandarin na China

хинди

Hindi

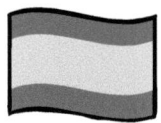

испанский

Sifaniyanci

французский

Faransanci

арабский

Larabci

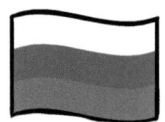

русский

Yaren Rasha

португальский

Yaren Portugal

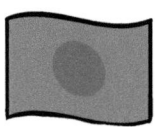

бенгальский

Bengali

немецкий

Yaren Jamus

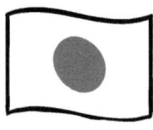

японский

Yaren Japan

я

ni

ты

kai

он / она / оно

shi / ita / ita

мы

mu

вы

ku

они

su

кто?

wa?

что?

me?

как?

ya ya?

где?

a ina?

когда?

yaushe?

имя

suna

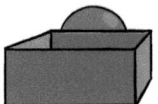

за

a baya

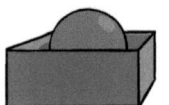

в

a ciki

перед

a gaban

над

saman

на

akai

под

karkashi

рядом

a gefe

между

a tsakani

место

wuri